1ᵉʳ FÉVRIER 1883

Conserver la couverture

# ALLOCUTION

PRONONCÉE AU MARIAGE

DE

## MONSIEUR ARTHUR LOUVOT

LIEUTENANT AU 5ᵉ RÉGIMENT D'ARTILLERIE

ET DE

## MADEMOISELLE MARIE DRUHEN

DANS

L'ÉGLISE DE SAINT-PIERRE DE BESANÇON

LE 1ᵉʳ FÉVRIER 1883

## PAR MONSEIGNEUR BESSON

ÉVÊQUE DE NIMES, UZÈS ET ALAIS

L'assemblée que vous formez, nos très
chers frères, autour de ces jeunes époux, est
un des plus beaux spectacles que l'Eglise
puisse offrir au monde pour attester la sain-
teté du sacrement de mariage. Le baptême
ne compte qu'un petit nombre de témoins ;
la pénitence n'en a pas d'autres que les an-
ges du sacré tribunal ; et l'onction qui ferme
au chrétien les portes de la vie ne se donne,
comme celle qui les lui ouvre, qu'au milieu

de la famille. Dans la communion, dans la confirmation, dans l'ordre, les regards de la cité chrétienne se partagent entre tous les élus de ces grands jours. Seul, le mariage les attire et les concentre sur deux têtes rapprochées l'une de l'autre au pied des saints autels, sur deux cœurs qui ne feront plus désormais qu'un seul cœur et qu'une seule âme dans une seule chair : *Cor unum et anima una.*

J'aime cette pompe, cet empressement, cette unanimité de vœux et d'espérances. Nos temples seuls méritent d'en être le théâtre, parce que seuls ils préparent au mariage son solide fondement. Venez donc et faites cortège à ces jeunes époux qui viennent appuyer au roc inébranlable de l'Eglise les premières pierres d'un foyer nouveau. Vous rendez par votre présence, par votre attitude respectueuse, par vos prières, un grand et solennel témoignage à la doctrine chrétienne. Vous faites assez comprendre que les nœuds du mariage scellés à l'autel avec une solennité si touchante, et parmi des témoins si nombreux et si émus, sont des liens sacrés, des liens indissolubles, que le caprice ne saurait rompre, que les lois humaines ne sauraient atteindre, et dont il faut dire à tout jamais, dans notre siècle comme dans les siècles passés : Ne brisez pas ce que Dieu a uni : *Quod Deus conjunxit homo non separet.*

Telle est la leçon que vous recevez dans ce beau jour, mon cher ami, et en souhaitant de l'entendre de la bouche de celui qui fut votre maître, vous voulez que j'y mêle tout ce que mon affection a de plus touchant. Mais de quoi vous parlerai-je, sinon des exemples de vos pères et de vos ancêtres, dont le nom est depuis plus d'un siècle en grand honneur dans cette cité ? La magistrature, le barreau, l'armée, l'Eglise, tous les grands corps de l'Etat ont, depuis un siècle, demandé des recrues à votre famille. Le nom que vous portez leur est demeuré cher, et ces belles traditions se perpétuent dans les générations nouvelles. Ce qu'ont fait vos pères, vous le ferez comme eux. Comme eux vous êtes intelligent et laborieux, comme eux vous servirez la France; vous serez, comme eux, le fils de vos œuvres, et la cité de Besançon vous comptera, s'il plaît à Dieu, parmi ces braves, presque sans nombre, qui, nés dans ces murs et ayant appris d'elle à les aimer, à les couvrir et à les défendre, se sont élevés par là aux premiers honneurs de la guerre.

Je vois à côté de vous un frère qui est un autre vous-même, et qui sert à l'autel comme vous servez dans l'armée, avec la piété, le zèle, et pourquoi ne le dirais-je pas, avec la loyale bravoure qui sied à son caractère et à son état. Nous aimons à voir revivre dans ce jeune soldat et dans ce jeune prêtre toutes les vertus et toutes les traditions de leur famille. Nous sentons battre, sous des uniformes différents, les sentiments du même cœur. Nous avons confiance dans les destinées de ce ménage nouveau qui commence aujourd'hui, devant ces tabernacles, où un frère offre pour son frère le divin sacrifice et donne aux prières et aux vœux de la religion l'accent de la plus religieuse tendresse.

Et vous, Madame, abandonnez-vous sans crainte aux espérances de cet heureux jour. Vous apportez ici tous les sentiments qu'une fille chrétienne doit avoir le jour de son mariage et qui attirent sur elle les grâces de Dieu. Le nom que vous venez d'échanger contre celui de votre époux est, comme le sien, un nom honoré et béni dans la cité et dans la province. Il est connu dans la science et dans les écoles; il est béni des malheureux; votre père, votre oncle, en exerçant l'art de guérir, l'ont rendu populaire. Mais tout cela ne serait rien encore si les vertus chrétiennes et l'amour de l'Eglise ne l'avaient rendu recommandable. L'Eglise offre à toutes les familles ses conseils, son appui, ses bénédictions; mais pour ceux qui lui demeurent fidèles dans la disgrâce comme dans la prospérité, elle a, dans les grandes circonstances de la vie, des prières plus vives et plus émues; elle demande, elle obtient les grâces que Dieu tient en réserve pour en combler ses prédestinés.

Agréez donc, époux chrétiens, que je vous souhaite en son nom toutes les prospérités temporelles et spirituelles qu'elle promet et qu'elle assure à ceux qui s'engagent, sous ses auspices, dans les liens sacrés du mariage. Je souhaite à l'époux force, courage, prudence, fermeté, tout ce qui, dans la famille, rend son commandement efficace et son autorité agréable. Je souhaite à l'épouse modestie et douceur, tendresse et piété, tout ce qui charme et embellit le foyer domestique. Ils n'oublieront pas qu'en entrant, si jeunes encore, dans leur saint état, ils doivent en embrasser tous les devoirs, les pratiquer avec

honneur, et mesurer la longue et vaste car-
rière qui s'ouvre devant eux avec toutes les
perspectives du siècle futur.

Que Dieu les garde et les protège, comme il
a gardé et protégé leurs pères ! Il y a vingt
ans, Madame, presque au lendemain de votre
naissance, on célébrait dans votre famille des
noces d'or, ces noces dont la joie est si rare-
ment permise à la postérité d'Adam. Deux
patriarches, un autre Abraham et une autre
Sara, votre grand-père et votre grand'mère
paternels, ont renouvelé, en 1863, à la face
des autels, leurs prières et les promesses de
leur mariage contracté cinquante ans aupa-
ravant, et en les voyant entourés de leurs enfants et des enfants de leurs fils, on promet-
tait à ceux-ci, en récompense de leur piété
filiale, ces longs jours, ces jours heureux
dont parle l'Ecriture, la bénédiction, la joie,
l'union des cœurs, tous les dons que Dieu se
plaît à répandre dans les familles chrétiennes.

La grâce de ce jour en est la preuve et la

confirmation. Vous êtes bénis, vous serez heureux, parce que vous serez, comme vos pères et comme vos ancêtres, des époux vraiment chrétiens.

Il m'est bien doux de vous l'annoncer et de vous le promettre, au retour d'un voyage que je viens de faire au seuil des saints apôtres, pour vénérer et écouter, dans la ville éternelle, le vicaire de Jésus-Christ. Je me suis un peu détourné de mon chemin pour laisser tomber, en passant dans ma province natale, dans cette cité de Besançon qui m'est si chère, quelques-unes des bénédictions dont le saint-père a daigné me combler.

Vous étiez présents à ma pensée quand je les lui demandais non seulement pour mon diocèse, qui est le principal objet de mes affections, mais pour l'Eglise de Besançon, pour ma famille, pour mes amis, pour les élèves de ce collège de Saint-François-Xavier, où j'ai passé la meilleure partie de ma vie.

Ah ! recevez-les donc, ces bénédictions qui tombent de si haut et qui donnent à celles des évêques leur efficacité et leur grandeur.

C'est la bénédiction d'un pape ami de la France, et qui, en retenant auprès de sa personne les évêques français, les soutient, les ranime, les console, élève leur âme au-dessus des querelles des partis et des misères de la politique, tourne leur cœur vers les espérances d'un meilleur avenir. Léon XIII connaît le dévouement de la France. Il l'appelle la nation qui ne cesse de donner et de se donner. Il la déclare la première encore d'entre les nations à cause de la vaillance de ses soldats, de la fidélité de ses prêtres, de l'héroïsme de ses religieuses. Ces grandes qualités s'affirment tous les jours, et les défaillances de plusieurs ne font que mieux ressortir l'esprit élevé, le cœur ferme, le caractère honorable de ceux qui les gardent.

Ce sera pour vous, époux chrétiens, un

des meilleurs souvenirs de votre mariage d'avoir été béni par ce grand pape ; pour moi, une véritable joie d'avoir proclamé dans cette assemblée sainte les espérances qu'il nous donne en parlant de l'Eglise et de la France. Heureux si nous les voyons se réaliser sous nos yeux dans un prochain avenir ! Certains du moins, jeunes chrétiens, que vous aurez, dans le siècle futur, au milieu des joies de votre foyer domestique, le spectacle de l'Eglise victorieuse de ses ennemis, de la France restaurée et glorieuse, et du monde tout entier rentré dans les voies pacifiques du christianisme, de la charité et de la civilisation. Ainsi soit-il.

BESANÇON, IMPR. PAUL JACQUIN.

www.ingramcontent.com/pod-product-compliance
Lightning Source LLC
LaVergne TN
LVHW020111070726
842525LV00018B/2737